BEI GRIN MACHT SICH IHR WISSEN BEZAHLT

AF173524

- Wir veröffentlichen Ihre Hausarbeit, Bachelor- und Masterarbeit

- Ihr eigenes eBook und Buch - weltweit in allen wichtigen Shops

- Verdienen Sie an jedem Verkauf

Jetzt bei www.GRIN.com hochladen und kostenlos publizieren

Bibliografische Information der Deutschen Nationalbibliothek:

Die Deutsche Bibliothek verzeichnet diese Publikation in der Deutschen National-
bibliografie; detaillierte bibliografische Daten sind im Internet über http://dnb.d-
nb.de/ abrufbar.

Impressum:

Copyright © 2009 GRIN Verlag, Open Publishing GmbH
Druck und Bindung: Books on Demand GmbH, Norderstedt Germany
ISBN: 9783640449293

Dieses Buch bei GRIN:

http://www.grin.com/de/e-book/136400/das-moore-sche-gesetz

Danny Blau

Das Moore'sche Gesetz

GRIN Verlag

Das Moore'sche Gesetz

Danny Blau

Zusammenfassung: Diese Seminararbeit geht auf die Fragestellungen ein, was das Mooresche Gesetz bedeutet, woher es stammt, welche unterschiedlichen Auffassungen und Interpretationen gibt und wie diese gelebt werden. Des Weiteren wird darauf eingegangen, wie dieses Gesetz realisiert wird und wie diese bis heute geltende Bewahrheitung in Zukunft weiter gehalten werden kann.

1 Einleitung

Seit 1965 existiert das sogenannte Moore'sche Gesetz, welches besagt, dass sich die Anzahl der Komponenten auf einer integrierten Schaltung alle 2 Jahre verdoppelt. Derzeit existieren auf einem Chip über 1 Mrd. Transistoren.

Wie sich diese Aussage bis heute bewahrheitet hat und wie sich dieser Trend zukünftig entwickeln kann, wird in dieser Seminararbeit erörtert.

2 Das Mooresche Gesetz

2.1 Definition des Gesetzes

Das Mooresche Gesetz sagt in seiner ursprünglich Form aus, dass sich Anzahl aktiver und passiver Komponenten auf einer integrierter Schaltung bei minimalen Komponentenkosten alle 2 Jahre verdoppelt. [1]

2.1.1 Integrierte Schaltung

Bei einer integrierten Schaltung (engl. Integrated circuit -IC-) handelt es sich um die Integration von mehreren elektronischen Bauteilen zu einer Schaltung, welche auf einem Trägermaterial in einem Fertigungsprozess hergestellt wird.

Die Realisierung von solchen Schaltungskomponenten erfolgt durch Halbleitermaterialien wie Silizium oder Gallium-Arsenid, bei denen in mehreren aufeinander folgenden Verfahren der Diffusion, Oxidation und Ätzung eine mehrschichtige Lagenstruktur gebildet wird.

In diesen einzelnen Lagen befinden sich aktive Komponenten wie Transistoren und die passive Komponenten wie Widerstände und Kondensatoren bzw. Kapazitäten. [2]

2.2 Geschichte

Gordon Moore äußerte seine Beobachtungen, kurz nach der Erfindung der integrierten Schaltung, im Jahre 1965 in einem Artikel der Zeitschrift 'Electronics'[3].

Die Abgedruckten Überlegungen hatten nichts von einem 'Gesetz' an sich. Er beschrieb lediglich seine Beobachtungen, dass sich die Anzahl der Komponenten auf einer integrierten Schaltung alle 12 Monate verdoppelt. Die Veröffentlichung dieser Beobachtung sollte vor allem verunsicherte Investoren beruhigen, da Moores damalige Firma 'Fairchild Semiconductor' gerade eine Menge leistungsfähiger Ingenieure verloren hatte. [4]

Die Bezeichnung dieser Beobachtung mit dem Begriff 'Mooresches Gesetz' wurde 1970 von Carver Mead

---

[1] Vgl. Information und Codierung, S. 246; www.wikipedia.de\Mooresches_Gesetz.html

[2] www.itwissen.info/definition/lexikon/IS-integrated-circuit-IC-Integrierte-Schaltung.html

[3] G. E. Moore: *Cramming more components onto integrated circuits.* In: *Electronics.* 19, Nr. 3, 1965, S.114–117 (ftp://download.intel.com/research/silicon/moorespaper.pdf)

[4] www.heise.de; Vor 40 Jahren: Electronics druckt Moores Gesetz, 19.04.05

getätigt.

Kurz nachdem seine Beobachtungen als Gesetz bezeichnet wurden, korrigierte Moore 1975 seine Aussage über die jährliche Verdopplung. In einer Rede vor der 'Society of Photo-Optical Instrumentation engineers' (SPIE) erklärte er 24 Monate zum Intervall.

Bei der SPIE handelt es sich um eine gemeinnützige Gesellschaft, welche sich die Themen „Austausch, Sammlung und Verbreitung von Wissen" auf dem Gebiet der Optik als Ziel gesetzt haben.[5]

Heute gelten im Sprachgebrauch 18 Monate als Zeitraum, in dem sich die Transistoren auf einem Chip verdoppeln, bzw. der Chip um die Hälfte verkleinert werden kann. Woher die Aussage der 18 Monate stammt, kann nicht belegt werden.

2.3 Beschreibung des Gesetzes / Herleitung

Bei dem Mooreschen Gesetz handelt es sich nicht um ein Naturgesetz, sondern um eine Aussage, welche auf eine empirische Beobachtung zurückgeht.[6]

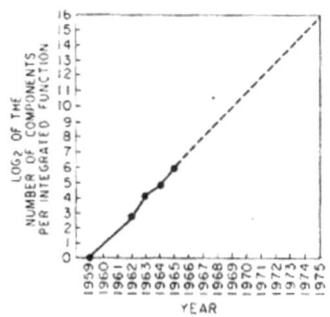

Abbildung 1 Empirische Beobachtung von Moore;
Quelle: G. E. Moore: Cramming more components onto integrated circuits. In: Electronics. 19, Nr. 3,
1965, S.114–117 (ftp://download.intel.com/research/silicon/moorespaper.pdf)

Es wird bei diesem Gesetz auch über eine „sich selbst erfüllende Prophezeiung[7]" gesprochen, da verschiedene Industriezweige an der Entwicklung an von leistungsfähigeren Mikroprozessoren beteiligt sind. Diese Firmen müssen sich auf gemeinsame Ziele einigen, um wirtschaftlich arbeiten zu können.

2.3.1 Kostenkomponente

Gorden Moore hat im Zusammenhang seiner Beobachtungen festgestellt, dass sich die Kosten einer einzelnen Schaltkreiskomponente verfahrensbedingt mit steigender und sinkender Komponentenanzahl verändern.

Bei einer niedrigen Komponentenanzahl auf einer integrierten Schaltung wurde das verfügbare Material nicht zu 100% ausgenutzt. Bei einer höheren Komponentenanzahl hätten neuartige Verfahren eingesetzt werden müssen, welche sich wirtschaftlich noch nicht gelohnt haben.

Moore bezog seine Beobachtungen also stets auf das Kostenoptimum, sprich das Herstellungsverfahren und diejenige Komponentenanzahl pro Schaltkreis, bei denen die Kosten pro Schaltkreiskomponente am geringsten ausfielen. Hierdurch ist theoretisch klar vorgegeben, welche Prozessoren und welche

---

5   http://de.wikipedia.org/wiki/SPIE

6   Vgl. Fernsehwerbung – quo vadis, S.243

7   Gordon Moore bezeichnet sein Gesetz als eine „self fulfilling prophecy", siehe _Gordon Moore Says Aloha to Moore's Law._ Auf: _the Inquirer._ 13. April 2005, abgerufen am 15. April 2009

Herstellungsverfahren zur Überprüfung des Mooreschen Gesetz in jedem Jahr betrachtet werden müssen und dürfen.

In dem nachfolgen Bild, sind die Beobachtungen und Ausarbeitungen von Moore zum Kostenoptimum ersichtlich. Es werden hier die Jahre 1962, 1965 und 1970 dargestellt.

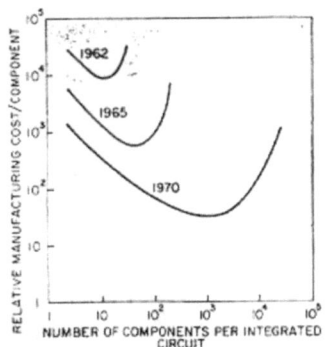

Abbildung 2   Moore Kostenoptimum;
Quelle: G. E. Moore: Cramming more components onto integrated circuits. In: Electronics. 19, Nr. 3,
1965,   S.114–117 (ftp://download.intel.com/research/silicon/moorespaper.pdf)

2.4 Auslegung des Gesetzes

Nach der heutig abgewandelten und im Sprachgebrauch gängigen Auslegung des Mooreschen Gesetzes besagt dieses nun, dass sich die Anzahl der Transistoren auf einem Prozessor alle 18 Monate verdoppelt. Gelegentlich ist auch von einer Verdoppelung der Integrationsdichte die Rede, also die Transistorenanzahl pro Flächeneinheit.

Diese unterschiedlichen Auslegungen und Interpretationen des Gesetzes verstümmeln die ursprünglichen Beobachtungen von Moore teilweise bis zur Unkenntlichkeit. Nicht nur der variable Verdoppelungszeitraum von 12, 18 oder 24 Monaten verursacht beträchtliche Unterschiede, sondern auch ob von einer Transistorenanzahl pro Chip oder pro Flächeneinheit die Rede ist. Da die Prozessoren in unterschiedlichen Größen produziert werden, spielt dies eine wesentliche Rolle. Durch das Weglassen des Kostenoptimums wird schließlich eine komplette Entfremdung des Gesetzes herbeigeführt.

Ohne die Betrachtung des Kostenoptimums kann jedes beliebige Herstellungsverfahren und jeder beliebige Chip zur Bestätigung des Gesetzes herangezogen werden. Ob es sich dabei um einen marktüblichen Prozessor, extrem teure Hochtechnologie oder experimentelle Schaltkreise , welche käuflich noch nicht zu erwerben sind, spielen bei dieser Auslegung keine Rolle.

Durch die unterschiedlichen Auffassungen hat das Mooresche Gesetz viel von seiner Objektiven Aussagekraft eingebüßt.

Die meisten auffindbaren Quellen zu diesem Thema gehen davon aus, dass die Aussage von Moore sich um die Verdoppelung der aktiven Komponenten, also die Transistoren, dreht. Auf die passiven Komponenten wird nicht eingegangen. Aus diesem Grunde werden die folgenden Ausführen auf diese Meinung aufgesetzt.

2.5 Bestätigung des Gesetzes

Das dieses Gesetz von Moore sich bis heute bewahrheitet hat, verdanken wir den konstant dynamischen Fortschritten bei der Herstellung von Mikroprozessoren. Der wesentlichste Entwicklungsschritt ist die ständige Miniaturisierung der Transistoren auf dem Chip. Je kleiner ein einzelner Transistor ist, desto mehr passen auf eine bestimmte Chipfläche. Die Strukturen auf den modernen Mikrochips sind kleiner als ein tausendstel Millimeter. Möglich wurde die Herstellung solcher kleinen Strukturen durch die Nutzung immer

kürzerer Wellenlängen bei der lithographischen Erzeugung mit Lichtstrahlen.
Auf der folgenden Grafik ist zu erkennen, wie die Transistorenanzahl auf Mikrochips gestiegen sind.

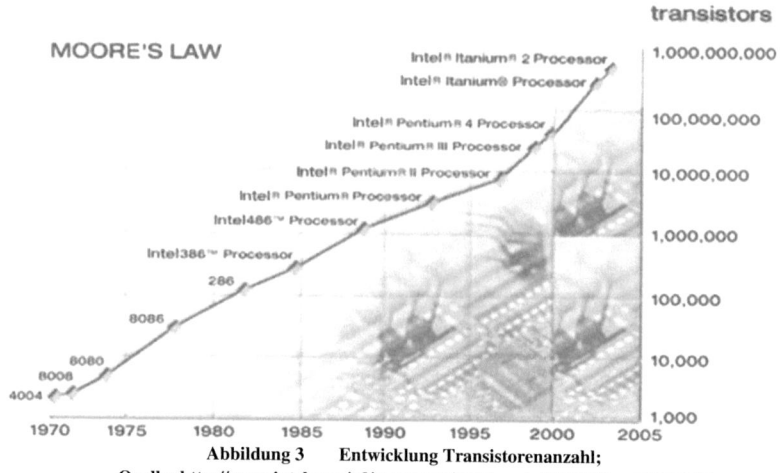

Abbildung 3   Entwicklung Transistorenanzahl;
Quelle: http://www.intel.com/cd/corporate/techtrends/EMEA/deu/209836.htm

2.6   Mooresches Gesetz und Rechenleistung

Das Mooresche Gesetz besagt zwar, dass sich in alle 18 Monate die Anzahl der Transistoren auf den Prozessoren verdoppelt, es besagt aber nicht, dass sich die Leistungsfähigkeit ebenso verdoppelt und erst recht nicht, dass die Rechner-Architekturen sich den immer stärker steigenden Anforderungen anpassen. [8]

Viele der Transistoren auf einem Chip werden für den integrierten Speicher (Cache) verwendet, welche 'nur' passiv zur Rechenleistung beitragen, indem er den Zugriff auf häufig benötigte Daten beschleunigt. Als Beispiel, dass ein Anstieg der Transistoren um den Faktor 2 keinen Anstieg der Rechenleistung um den Faktor 2 bewirkt, ist hier der Vergleich des Pentium-III 500Mhz mit dem Pentium-III 1000Mhz angegeben. Hier wurde eine Leistungssteigerung mit dem Faktor 2,3 erst mit einer Verdreifachung der Transistorenanzahl bewirkt wurde. [9]

Prozessor	Transistoren
Pentium-III 500 MHz (externer L2-Cache)	9,5 Mio.
Pentium-III 1000 MHz (interner L2-Cache)	28,5 Mio.

Abbildung 4   Rechnerleistung vs. Transistoren;
Quelle: http://de.wikipedia.org/wiki/Mooresches_Gesetz

---

[8]   Vgl. Digitales Fernsehen HDTV/ HDV& Avchd für ein- und Umsteiger, S. 268
[9]   Vgl. http://de.wikipedia.org/wiki/Mooresches_Gesetz

- 4 -

2.7 Grenzen des Gesetzes

Die Halbleiterindustrie wird dem mooreschen Gesetz voraussichtlich noch einige Jahre folgen können und weiterhin kleinere Schaltkreise produzieren.

Es wird allerdings erwartet, dass zwischen den Jahren 2010 und 2015 die Miniatursierung wegen der 'atomgebenden' Grenzen nicht mehr möglich ist.[10] Dann wird eine Dimension erreicht, in dem eine weitere Verkleinerung unmöglich ist. Wenn die Transistoren nur noch wenige Atome auseinander liegen, dann beginnen sogenannte Quanteneffekte zu wirken.

Zum anderen wachse der finanzielle Aufwand zur Entwicklung und Herstellung integrierter Schaltkreise schneller als die Integrationsdichte, so dass es einen Punkt geben werde, an dem die Investitionen sich nicht mehr rentieren.[11]

2.8 Zukunftsausblick

2.8.1 Quantum Computing

Die als negativ dargestellten Quanteneffekte, welche auftreten wenn die Transistoren nur wenige Atome auseinander liegen, versucht man bei den Quantencomputern zu nutzen.

Im Gegensatz zu herkömmlichen Rechnern speichern Quantenrechner die Informationen in einem Elektronenspin. Die Quantenrechner nutzen hierfür eine Besonderheit von Atomen. Die Elektronen in einem Atom können in zwei unterschiedliche Positionen versetzt werden. Das heißt, dass z. B. ein Elektron, durch einen Laserpuls angeregt wird oder ein angeregtes Elektron durch einen erneuten Laserstoß in den Grundzustand zurückkehrt, oder auch nicht. Dieser neue „Sowohl als auch - Zustand" wird in der Quantentechnologie als „Qubit" bezeichnet.[12]

2.8.2 Optical Computing

Eine weitere Möglichkeit das Mooresche Gesetz weiter am Leben zu halten ist es, den elektrischen Strom durch Licht zu ersetzen. Licht hat drei wichtige Eigenschaften, welche für die Informatik interessant sind.

1.) Licht ist schneller als Elektronen

2.) Lichtstrahlen können sich gegenseitig durchdringen, ohne sich dabei in irgendeiner Art und Weise zu stören

3.) Licht kann umadressiert oder aufgesogen werden. Sobald Licht ausgestrahlt wird, können seine Eigenschaften durch keine Kraft verändert werden.[13]

Die Entwicklung dieser sogenannten Photonik ist derzeit auf dem Niveau der Elektronik vor 50 Jahren. Den Wissenschaftlern fehl es noch an notwendigen Materialien um einen technologischen Durchbruch zu erreichen.

2.8.3 Memristor

Forscher in des IT-Konzerns HP in Palo Alto hoffen, dass durch eine neue Grundlagenkomponente für Chips, der sog. Memristor[14], den Verfall des Mooreschen Gesetzes noch für viele Jahre verzögern wird. Memristoren sind Komponenten in Nanogröße, welche über einzigartige Eigenschaften verfügen. Sie besitzen einen variablen Widerstandswert und die Fähigkeit, diesen Widerstandswert zu speichern, auch wenn der Strom ausgeschalten ist. Der Memristor wurde bereits 1971 von Berkeley-Professor Leon Chua

---

[10]   Vgl. Winkler V. Transistoren aus Graphitfilmen In: c't, Heft 23, 2004, S. 52.

[11]   http://www.at-mix.de/mooresches_gesetz.htm

[12]   Vgl.http://www.iwi.uni-hannover.de/lv/seminar_ws04_05/html/Nr17_Demirbilek/yeniHPC/kap3.htm

[13]   Vgl.http://www.iwi.uni-hannover.de/lv/seminar_ws04_05/html/Nr17_Demirbilek/yeniHPC/kap3.htm

[14]   Vgl. http://www.heise.de/tr/Die-Neuverdrahtung-der-Elektronik--/artikel/107590

vorgeschlagen. Dieser erwies sich zwar theoretisch als interessant, aber praktisch wurde es nie gebraucht. Die Forscher und Entwickler wollen die Memristoren in den kommenden 3 Jahren in kommerziellen Produkten einsetzen.[15]

3 Quellen und Literatur

[1]   Hoffmann, Kurt: Systemintegration – Vom Transistor zur großintegrierten Schaltung: München, 2006

[2]   Rautenstrauch, Claus; Schulze Thomas: Informatik für Wirtschaftswissenschaftler und Wirtschaftsinformatiker: Springer-Verlag, 2002

[3]   Friedrichsen, Mike; Friedrichsen Syster: Fernsehwerbung – quo vadis?: vs-Verlag, 2004

[4]   Krause, Frank-Lothar; Franke, Hans J.; Gausemeier, Jürgen: Innovationspotentiale in der Produktentwicklung: Berliner-Kreis, 2007

[5]   Wunderlich, Wolfgang: Digitales Fernsehen HDTV/HDV& Avchd für Ein- und Umsteiger: Lulu.com, 2008

[6]   Werner, Martin: Information und Codierung – Grundlagen und Anwendungen: Vieweg+Teubner Verlag, 2008

[7]   Intel; Vierzig Jahre Mooresches Gesetz; http://www.intel.com/cd/corporate/techtrends/EMEA/deu/209836.htm, Abruf 26.04.09

[8]   G. E. Moore: Cramming more components onto integrated circuits. In: Electronics. 19, Nr. 3, 1965, S.114–117

[9]   Uni-Hannover; http://www.iwi.uni-hannover.de/lv/seminar_ws04_05/html/Nr17_Demirbilek/yeniHPC/kap3.htm, Abruf 15.04.09

[10]   Wikipedia; Moore'sches Gesetz; http://de.wikipedia.org/wiki/Mooresches_Gesetz; Abruf am 27.04.09

[11]   Wikipedia; SPIE; http://de.wikipedia.org/wiki/SPIE; Abruf am 27.04.09

[12]   IT-Wissen; Inetrgierte Schaltung;www.itwissen.info/definition/lexikon/IS-integrated-circuit-IC-Integrierte-Schaltung.html; Abruf am 27.04.09

[13]   Heise; Vor 40 Jahren: Electronics druckt Moores Gesetz, 19.04.05; Abruf am 27.04.09

[14]   Heise;Die Neuverdrahtung der Elektronik, 08.05.08;http://www.heise.de/tr/Die-Neuverdrahtung-der-Elektronik--/artikel/107590; Abruf am 27.04.09

[15]   Heise;Lebensverlängerung für das Mooresche Gesetz, 10.12.08; http://www.heise.de/tr/Lebensverlaengerung-fuer-das-Mooresche-Gesetz--/artikel/119930; Abruf am 27.04.09

[16]   AT-Mix; Moore'sches Gesetz; http://www.at-mix.de/mooresches_gesetz.htm; Abruf am 27.04.09

---

[15]   Vgl. http://www.heise.de/tr/Lebensverlaengerung-fuer-das-Mooresche-Gesetz--/artikel/119930